Contraste insuffisant
NF Z 43-120-14

Illisibilité partielle

Valable pour tout ou partie
du document reproduit

Original en couleur

NF Z 43-120-8

CATALOGUE

DES

MONNAIES MÉROVINGIENNES

D'AUTUN

PAR

MAURICE PROU

AUTUN
IMPRIMERIE DEJUSSIEU PÈRE ET FILS
1888

CATALOGUE

DES

MONNAIES MÉROVINGIENNES

D'AUTUN

PAR

MAURICE PROU

AUTUN
IMPRIMERIE DEJUSSIEU PÈRE ET FILS
1888

EXTRAIT DES MÉMOIRES DE LA SOCIÉTÉ ÉDUENNE

TIERS DE SOU D'OR MÉROVINGIENS D'AUTUN

IMITATIONS

L. Dardel sc.

Imp. Dumas Vernet, Paris

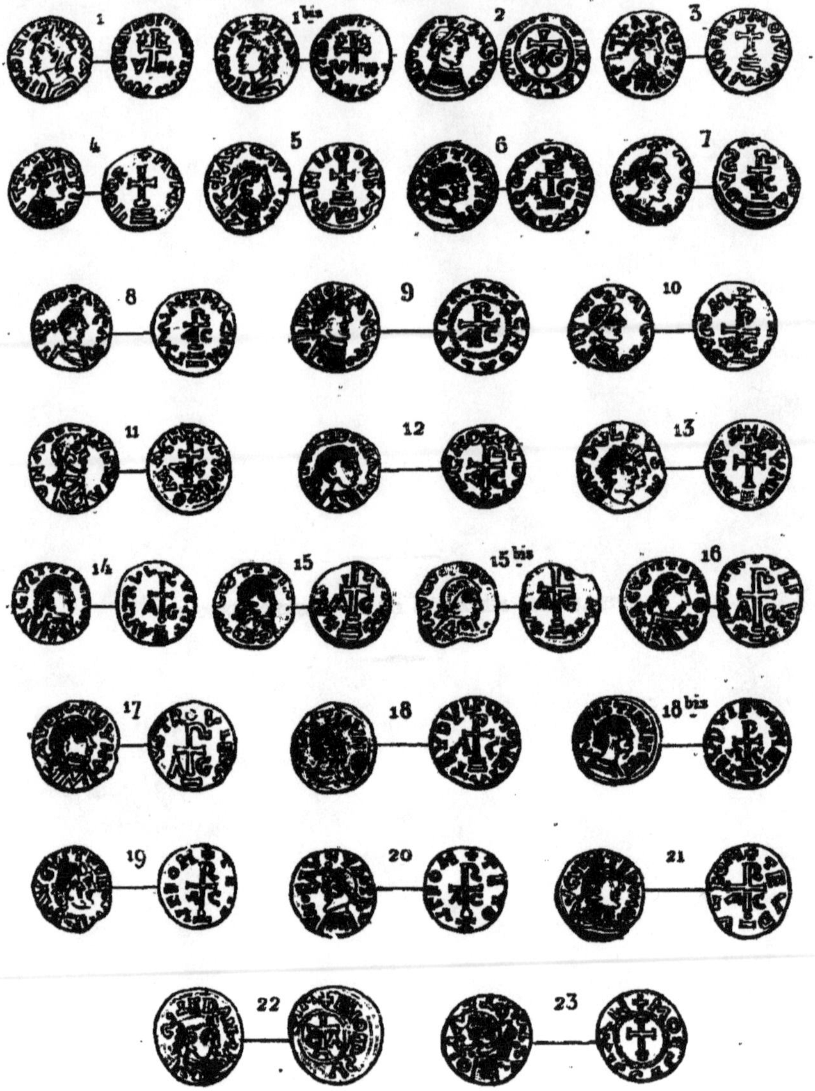

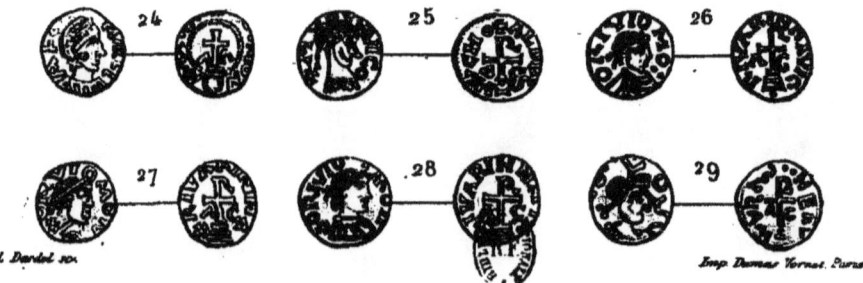

CATALOGUE
DES
MONNAIES MÉROVINGIENNES
D'AUTUN

Le monnayage d'Autun[1] pendant la période mérovingienne a consisté exclusivement en tiers de sou ou *triens* d'or. Conbrouse[2] a attribué à cette ville deux monnaies d'argent qui présentent au revers un monogramme qu'il avait cru formé des lettres initiales d'*Augustodunum*, mais il faut rejeter cette attribution ; car sur l'une de ces monnaies on lit PECTAVIS, et ce nom est très nettement écrit sur un denier du cabinet de France portant le même monogramme.

Les tiers de sou autunois présentent au droit un buste, et au revers une croix.

La tête du buste est ornée d'un diadème ; elle est posée de profil ; le buste proprement dit est généralement de forme trapézoïdale. Cinq des monnaies que nous publions (n°⁵ 6, 13, 18, 18 bis et 19), présentent au droit deux bustes accolés ;

---

1. Je prie tous les savants qui ont bien voulu m'aider dans la composition de ce travail de recevoir mes remerciements les plus sincères : et spécialement M. A. de Barthélemy qui m'a communiqué avec empressement tous les dessins qu'il possède ; M. le vicomte de Ponton d'Amécourt qui m'a libéralement ouvert sa riche collection, et a bien voulu m'envoyer un extrait de son catalogue; M. Dissard, conservateur du musée de Lyon, qui m'a remis les empreintes des tiers de sou autunois conservés au musée de Lyon.
2. *Monétaires mérovingiens*, pl. 9, n°⁵ 8 et 9.

les diadèmes de l'une et l'autre tête se confondent ; mais les deux profils sont bien accusés. Le seul désir d'imiter les espèces romaines avait déterminé les monnayeurs mérovingiens à orner d'un buste diadémé les tiers de sou qu'ils frappaient. Aussi ne doit-on pas chercher dans les deux figures des monnaies d'Autun l'image de deux rois régnant ensemble. Le P. Chifflet[1] y reconnaissait Sigebert et Brunehaut ; Bouteroue[2] et Le Blanc[3] se sont prononcés en faveur de Thierry II et de Brunehaut ; Lelewel[4] proposait d'y voir Gontran et Childebert II : vaines hypothèses. Il est probable que l'origine de ces deux bustes se trouve dans un défaut de frappe du prototype : le monnayeur autunois qui le premier les a gravés aura pris pour modèle un tiers de sou romain, peut-être mérovingien, où le glissement du coin avait produit une double ligne de profil. Deux bustes accolés se rencontrent aussi sur des tiers de sou de Thiverzay en Poitou (*Theodoberciacus*), que Fillon a fait connaître[5]. Ce sont de grossières imitations des monnaies d'Autun qui portent dans le présent catalogue les n°s 6 et 18. J'attirerai encore l'attention des numismatistes sur la tête du *triens* n° 1. Est-ce une tête à double face, ou bien une tête coiffée d'un casque représentant une face humaine? Dans l'un ou l'autre cas je n'en ai pas découvert l'origine et je ne saurais expliquer une pareille représentation.

On ne trouve au revers des tiers de sou autunois que deux espèces de croix : la croix latine simple et la croix chrismée. Celle-ci se rencontre beaucoup plus fréquemment que la première. La croix latine est dépourvue de support sur les *triens* n°s 1 et 23 ; sur le n° 2, son pied est fixé à un globe ;

---

1. Chifflet, *Histoire de l'abbaye et de la ville de Tournus* (1664), p. 106 et *Preuves*, p. 518.
2. Bouteroue, *Recherches curieuses*, p. 274.
3. Le Blanc, *Traité historique des monnoies de France* (1690), p. 47.
4. Lelewel, *Numismatique du moyen âge*, p. 27.
5. Fillon, *Études numismatiques*, p. 30 et pl. I, n°s 18 et 19.

les n°ˢ 3, 4 et 5 nous la montrent haussée sur des degrés. Quant à la croix chrismée, elle n'apparaît sans support que sur le n° 9 ; partout ailleurs elle est ou haussée sur des degrés (n°ˢ 6, 7, 8, 14, 15, 16, 18), ou posée au-dessus d'un trait horizontal (n° 10, 17), dont elle est sur certains tiers de sou (n°ˢ 11, 12, 19, 20, 21) séparée par un globule ; la monnaie n° 13 laisse voir au-dessous de la croix chrismée un trait contourné.

Le nom d'Autun est écrit en légende au droit des tiers de sou fabriqués dans cette ville. Il est tantôt au nominatif, tantôt à l'ablatif. Voici d'ailleurs les différentes formes sous lesquelles il apparaît : *Augustedunum, Aucustedunum, Augustedunu, Augusteduno, Aucusteduno, Augustiduno, Aucustiduno, Aucstiduno, Aucustino, Acustedunum, Agusteduno, Acusteduno, Agusteuno*. La diphtongue initiale d'*Augustedunum* a été, comme on le voit, presque toujours conservée. Toutefois les lettres A G ou A C qui, sur la plupart des tiers de sou autunois et sur ceux-là mêmes qui portent *Augustedunum*, accostent la croix du revers prouvent que les monnayeurs qui écrivaient en toutes lettres la forme quasi-classique *Augustedunum*, connaissaient aussi la forme du bas latin *Agustedunum*. Les lettres A G et A C sont en effet les initiales du nom d'Autun qui, aux septième et huitième siècles, apparaît plus souvent dans les manuscrits sous la forme *Agustedunum* que sous la forme *Augustedunum*. Les manuscrits de Grégoire de Tours les plus anciens donnent *Agustidunum* et *Agustidunensis civitas* [1]. *Agustidunum* est l'orthographe adoptée par le copiste du manuscrit de Corbie qui date du septième siècle [2]. Le manuscrit de Frédégaire conservé à la Bibliothèque nationale de Paris sous le n° 10,910 du fonds

---

1. Voyez les *Œuvres de Grégoire de Tours*, édition Arndt, aux pages 82, 118 ligne 11, 381, 393 l. 4, 524 l. 10, 687 l. 10, 746 l. 14, 790 l. 17, 792 l. 9, 810 l. 7.

2. Grégoire de Tours, *Histor. Franc.*, l. III, c. xi, édition H. Omont, p. 83, l. 27.

latin, donne *Agustidunum*[1], *Agustedunum*[2] et *Agostedunum*[3]. Quant à la substitution du c au g qu'on constate sur la plupart des tiers de sou, nous n'avons pas à y insister; on sait la confusion qui s'était établie dans l'écriture comme dans la prononciation entre ces deux lettres si voisines par leur forme et par leur son. Si *Augustedunum* et *Agustedunum* étaient, comme en témoignent les tiers de sou, employés concurremment, pourquoi a-t-on préféré comme différent monétaire les initiales de la seconde forme à celles de la première? M. Deloche pense que les monnayeurs autunois n'ont pas adopté le différent A V par crainte d'une confusion avec le différent des monnaies d'Aoste (*Augusta*). A quoi l'on peut opposer que les monnaies de Mâcon et celles de Marseille ont le même différent : M A. Dira-t-on encore que *Augustedunum* étant en usage quand commença le monnayage autunois, les premiers monnayeurs ont écrit ce nom en légende sur les produits de leurs ateliers, que leurs successeurs ont conservé la légende primitive, mais que plus tard, voulant adopter un différent monétaire, ils ont pris les initiales d'*Agustedunum*, forme qui avait supplanté l'orthographe ancienne *Augustedunum*. La vérification de cette hypothèse exigerait tout d'abord un classement chronologique des monnaies mérovingiennes d'Autun : or ce classement ne saurait être établi d'une façon rigoureuse. D'ailleurs si l'on admet avec nous que le tiers de sou décrit ici sous le n° 2 est un des plus anciens, on doit repousser l'explication précédente, puisqu'il porte en légende AGVSTEDVNO. Les monnayeurs autunois ont gravé sur leurs *triens* les initiales A G et plus souvent A C, peut-être simplement parce que ces lettres rappelaient, plus que n'auraient fait les lettres A V, le différent monétaire C A des espèces chalonnaises qui étaient très répandues.

---

1. Frédégaire. éd. Monod, p. 57, l. 24.
2. Ibid., p. 144, l. 25; p. 162, l. 35; p. 163, l. 1, 4 et 7.
3. Ibid., p. 164, l. 1.

Le nom de la ville d'Autun est sur plusieurs tiers de sou suivi du mot *fit*. Exceptionnellement la formule *Augusteduno fit* est écrite au revers sur le triens n° 1, et elle est suivie des mots *de seleguas*; la croix est accostée des lettres numérales vii et d'une petite croix ou, si l'on préfère, d'un i barré transversalement. Ces chiffres gravés dans le champ complètent la légende. Ils expriment en siliques, comme l'ont démontré Duchalais[1] et M. Deloche[2], le poids du tiers de sou. Ainsi le *triens* d'Autun dont il est ici question équivaudrait à sept siliques, en ne tenant pas compte de la petite croix placée après les chiffres vii. M. Deloche[3] a proposé de voir dans cette petite croix une façon d'exprimer la moitié de l'unité et de lire 7+. Cette interprétation ne s'accorde pas avec ce que nous savons du système monétaire mérovingien, et ce n'est pas d'une lecture aussi douteuse qu'on peut conclure à l'existence d'un *triens* de 7 siliques +. L'explication que me donnait M. Ponton d'Amécourt dans une lettre du 12 mai 1887 me parait plus vraisemblable. « La croix qui suit ii, m'écrivait M. d'Amécourt, est le résultat d'une retouche faite au coin. La formule primitive était viii, alors que le tiers de sol pesait 8 siliques. Quand vers l'an 550 on a taillé 81 sols à la livre, le sol ne pesa plus que xxi siliques et le *triens* vii; alors, pour n'avoir pas à refaire le coin, le monétaire a changé la troisième unité en une croix; viii est devenu vii+ par la simple addition d'une barre transversale. »

Les tiers de sou d'Autun portent en légende, au revers, un nom d'homme qui est le nom d'un monnayeur; du reste, sur quelques-unes de ces monnaies, ce nom est suivi des mots MONE, MONET, MONIT, ou des lettres M, MO, MT, qui sont autant d'abréviations de *monetarius*. Sur le *triens* n° 1, le

---

1. Duchalais, *Poids de l'aureus romain* dans *Revue numismat.*, t. V (1840), p. 264.
2. Deloche, *Explication d'une formule* dans *Revue archéologique*, nouv. série, t. XL (1880), p. 171.
3. *Revue numismat.*, 3ᵉ série, t. II, p. 77.

nom du monnayeur est écrit du côté de la tête au lieu d'être, comme sur les autres, du côté de la croix. Les monnayeurs autunois, dont on a jusqu'ici relevé les noms sont : *Ar...dus*, *Austrulfus*, *Baudulfus*, *Flavatus*, *Macnoaldus* (pour *Magnoaldus*), *Marculfus* et *Teudulfus*. Quant au nom ιοorvs qu'on lit sur les monnaies nos 3 à 6, c'est la dégénérescence d'un nom de monnayeur qui n'a pas été jusqu'ici retrouvé. Ces monnayeurs étaient des gens fort obscurs, et depuis longtemps les numismatistes ont renoncé avec raison à les identifier avec les personnes du même nom dont les historiens font mention; c'est à peine si l'opinion qui voit dans le monnayeur *Eligius* l'évêque saint Éloi a conservé quelques partisans. [1]

La chronologie des monnaies mérovingiennes est fort obscure. Il est difficile non seulement d'assigner à chacune de ces monnaies un âge précis, mais même d'établir entre toutes les pièces sorties d'un même atelier ou des ateliers d'une seule ville, une chronologie relative. Je n'ai donc pu, dans le classement des *triens* autunois que je propose, atteindre à la précision chronologique. J'ai tenté de classer les différents types de revers dans leur ordre de succession logique. Il est certain par exemple que généralement les tiers de sou avec la croix haussée sur des degrés sont plus anciens que les tiers de sou avec la croix chrismée; mais il faut prendre garde que la croix simple haussée sur des degrés a persisté même après l'introduction de la croix chrismée. On ne peut donc pas dans la recherche de l'âge des monnaies mérovingiennes ne considérer que la forme de la croix. Le style général de la pièce, la plus ou moins grande barbarie du dessin, la forme de la tête, la forme des lettres sont autant d'éléments de classification qu'il convient de ne pas négliger. J'ai cru utile de grouper tous les *triens* qui portent

---

1. Voyez A. de Barthélemy, *Liste des noms d'hommes gravés sur les monnaies de l'époque mérovingienne*, p. 3, extrait de la *Biblioth. de l'École des chartes*, t. XLII.

le même nom de monnayeur, encore que l'ordre chronologique eût demandé souvent à ce qu'ils fussent séparés.

Le monnayage d'Autun présente avec celui de Chalon-sur-Saône de grandes analogies. Les bustes chalonnais et autunois sont assez différents; mais les types de croix sont les mêmes; dans les ateliers de l'une et l'autre ville, la croix est accostée de deux lettres qui constituent le différent monétaire. Toutefois on remarquera une différence : sur vingt-trois monnaies d'Autun que nous publions, quatre seulement offrent au revers une légende séparée du champ, une fois par un cercle (n° 2), une autre fois par un grénetis (n° 9), et deux fois par une couronne de feuillage dégénérée (n°s 22 et 23). Le cercle de grénetis ou la couronne de feuillage apparaissent au contraire sur la plupart des espèces chalonnaises; celles que M. d'Amécourt a rangées dans le deuxième groupe[1] — et elles sont peu nombreuses — en sont seules dépourvues.

Le point de départ du monnayage d'Autun a dû être l'imitation des *triens* chalonnais. Les ateliers de Chalon sont plus anciens que ceux d'Autun; on pourrait l'affirmer *a priori*, car, tandis que la ville d'Autun perdit de son importance à l'époque mérovingienne, Chalon devint le centre commercial et la capitale politique du royaume de Bourgogne. Il y a plus; certains tiers de sou chalonnais portent au revers le type de la Victoire, type fort ancien et qui ne s'est pas perpétué dans le monnayage mérovingien[2]. On n'a pas trouvé jusqu'ici de monnaies d'Autun avec la Victoire au revers. Ce qui semble encore prouver que les monnayeurs autunois ont pris pour modèle des *triens* chalonnais, c'est que sur la monnaie qui dans le présent catalogue porte le n° 22, se trouve reproduit le différent monétaire de Chalon.

---

1. P. d'Amécourt, *Description raisonnée des monnaies mérov. de Chalon-sur-Saône*, dans *Annuaire de la Soc. de numismat.*, t. IV, p. 47 et pl. III.
2. Ibidem, pl. III.

Le tiers de sou autunois le plus ancien qu'on connaisse est assurément celui qui porte la formule *fit de seleguas* vii+. Il faut le rapprocher tout à la fois des n°˚ 7 et 8 du catalogue des monnaies de Chalon publié par M. d'Amécourt[1] ; la croix de notre n° 1 rappelle la croix du n° 7 de Chalon ; la légende du même *triens* rappelle celle du n° 8 ; mais tandis que le *triens* chalonnais n° 8 porte le chiffre viii, on lit sur celui d'Autun vii+. Si on pense, avec M. d'Amécourt, que le graveur s'est servi d'un coin qui portait viii et a barré le dernier trait pour ramener viii à vii, il faut en conclure que cette monnaie remonte au temps où s'opéra le changement dans le poids des monnaies dont il a été question plus haut, c'est-à-dire à la seconde moitié du sixième siècle et au plus tard au règne de Maurice Tibère (582-602)[2]. On a frappé à Chalon quelques monnaies avec des noms de rois et qui, par conséquent, sont moins difficiles à dater que celles où les monnayeurs ont mis leur seul nom. L'une d'elles, que M. d'Amécourt a publiée[3] et qu'il a attribuée avec raison, croyons-nous, à Clotaire II qui régna de 613 à 628, n'est pas sans analogie avec les tiers de sou d'Autun. Le buste qui y est dessiné rappelle celui des n°˚ 9 et 10 de notre planche. Des degrés supportent la croix comme sur beaucoup de *triens* autunois. Mais la croix sur le tiers de sou de Clotaire est simple, tandis que sur les tiers de sou d'Autun elle est plus souvent chrismée. On rencontre une croix chrismée soutenue par des degrés, comme à Autun, sur un autre *triens* de Chalon portant le nom de Clovis[4] et qui parait devoir être donné à Clovis II, roi de Bourgogne, de 638 à 656. Enfin notons qu'une grande trouvaille de tiers de sou mérovingiens

---

1. Ibid., pl. III, n°˚ 7 et 8.
2. Ibid., pp. 50 et 51.
3. *Annuaire de la Soc. de numismat.*, t. I, p. 164 et pl. IX, n° 100; Ibid., t. IV, p. 57 et pl. III, n° 15.
4. Ce tiers de sou est conservé au musée des Antiquités nationales, à Saint-Germain-en-Laye.

faite à Buy[1], dans le département de Saône-et-Loire, vers 1857, renfermait les nos 2, 3 et 18bis de notre planche, et aussi un tiers de sou portant en légendes au droit CLOTARIVS RI, et au revers CLOTARIVS REX avec une croix haussée sur un globe et accostée des lettres M A et, au dessous, du chiffre VII ; ce *triens* marseillais doit être probablement attribué à Clotaire II. Cette similitude de quelques-uns des *triens* autunois avec des *triens* chalonnais des rois Clotaire II et Clovis II, cette découverte dans un même trésor de *triens* autunois et d'une monnaie de Clotaire II, nous font penser que les ateliers d'Autun fonctionnèrent surtout dans la première moitié du septième siècle. En résumé nous croyons que la plus ancienne monnaie d'Autun, celle qui figure ici sous le n° 1, date d'environ 580, que la plupart des autres ne remontent qu'à l'extrême fin du sixième siècle ou à la première moitié du septième siècle, et que ce monnayage ne descend pas au-delà de l'année 650 environ, abstraction faite de quelques tiers de sou particulièrement barbares de style, tels que les nos 22 et 23.

Il convient de mentionner ici quelques tiers de sou qu'on a attribués à tort, selon nous, à la ville d'Autun; et d'abord le tiers de sou où on lit EVPARDVS EPS *(Eupardus episcopus)* trouvé près de Cantorbéry et publié par C. Roach Smith dans le *Numismatic chronicle*, vol. VII, p. 187 et pl. 8, n° 2; il y a eu parmi les évêques d'Autun un personnage nommé *Eupardus*; mais si certains auteurs le font vivre avant 540 et d'autres après 560, tous s'accordent à rapporter son épiscopat au sixième siècle[2] ; or la monnaie dont il est ici question est postérieure au sixième siècle (le type si bizarre de la croix du revers l'indique assez) et n'appartient pas à la région bourguignonne.

---

1. Buy, dans la commune de Chissey-en-Morvan. M. A. de Barthélemy m'a communiqué une lettre de M. H. de Fontenay, écrite en 1873, et où ce savant autunois a dressé une liste exacte des monnaies qui composaient la trouvaille de Buy.
2. Voyez *Gallia christiana*, t. IV, p. 343.

M. Fillon[1] et après lui M. A. de Barthélemy[2] ont enlevé à Autun et donné l'un à Aoste, l'autre à Aouste (Drôme), un tiers de sou du monnayeur *Santolus;* les exemplaires d'après lesquels il avait d'abord été dessiné, permettaient d'hésiter sur son attribution[3]; le différent A V l'avait fait donner à Autun, mais sur l'exemplaire publié par Fillon, la légende AVSTA FIT est parfaitement lisible.

Quant au tiers de sou publié par Lelewel dans la *Numismatique du moyen âge*, sous le n° 25 bis de la pl. III, et reproduit par Combrouse, *Monétaires mérovingiens*, pl. 5, n° 15, je ne puis lire avec certitude dans le monogramme figuré au revers le nom d'*Augustedunum*[4]. J'ai donc cru qu'il convenait de le laisser de côté. D'ailleurs on a vu dès les premières lignes de cette étude avec quelle timidité et quelles précautions on devait aborder la lecture des monogrammes.

Les monnayeurs mérovingiens ont souvent gravé sur les tiers de sou portant le nom d'un *vicus*, le différent monétaire de la cité dans le territoire de laquelle se trouvait ce *vicus*. Des *triens* avec les noms de lieux, *Marca*, *Mosa vicus* et *Rivarinna* ont au revers les lettres A C. Ce n'est pas une raison suffisante pour affirmer que ces *vici* étaient situés dans le *pagus Augustodunensis;* car on constate que le différent monétaire d'une cité en a quelquefois dépassé les limites. C'est ainsi qu'on trouve les lettres CA, différent des monnaies chalonnaises, sur un grand nombre de *triens* portant les noms de lieux sis dans l'est de la Gaule et assez loin du *pagus Cabilonensis*.

Le tiers de sou qui est dessiné sur notre planche sous le n° 24 porte en légende au droit MARCA FIT; au revers, les

---

1. Fillon, *Lettres à M. Dugast-Matifeux* (1853), pl. I, n° 12.
2. A. de Barthélemy, *Rectifications et Monnaies inédites*, dans *Revue numismat.*, nouv. série, t. IX (1864), p. 404.
3. Mader, *Kritische Beytraege zur Munzkunde des Mittelalters*, t. III, p. 18 et pl. II, n° 41; Bessy-Journet, *Tiers de sol d'or du monétaire Wintrio*, dans *Mém. de la Soc. d'hist. et d'archéol. de Chalon*, t. II (1850), p. 189, pl. VIII, n° 6.
4. Lelewel, *Numismat. du moyen âge*, p. 47.

lettres A C accostent la croix ; nous l'avons fait reproduire ici parce que nous désirions donner un tableau complet des *triens* au revers desquels sont gravées les lettres A C ; mais nous croyons que les lettres A C ne sont ici que la reproduction maladroite du différent de Chalon retourné, car le type de la monnaie n° 24 est plus chalonnais qu'autunois ; on n'a pas d'exemple dans le monnayage d'Autun d'une couronne fermée à sa partie inférieure par un anneau, type qui apparait au contraire très fréquemment sur les *triens* chalonnais. Aussi j'attribuerais volontiers le tiers de sou n° 24 au village de la Marche en Bresse [1] qui était dans le *pagus Cabilonensis*.

Les tiers de sou n°ˢ 25 à 28 qui présentent au revers, le premier une croix chrismée au-dessus d'un globule et d'un trait, les trois autres une croix de même forme haussée sur trois degrés, sont incontestablement imités des tiers de sou d'Autun. Le revers du n° 25 est la copie du revers du n° 12. Mais il n'y a pas dans le *pagus* autunois de lieu qu'on puisse identifier avec *Mosa vicus*. Aussi adoptons-nous l'identification proposée par M. d'Amécourt, de *Mosa* avec le lieu du même nom indiqué dans l'itinéraire d'Antonin et dans la table de Peutinger, et qui était sur la voie de Lyon à Metz. C'est aujourd'hui Meuvy. [2]

Les tiers de sou n°ˢ 26 à 28 sont sortis tous trois du même atelier ; ils portent le même nom de monnayeur *Orivius* et le même nom de lieu *Rivarinna*. M. Ch. Robert qui a publié le n° 28 l'a attribué à Rivarennes [3], près du confluent de l'Indre et de la Loire. Il y a encore un autre lieu dit Rivarennes [4] dans le département de l'Indre. Nous croyons que ces deux villages sont trop éloignés de l'Autunois pour qu'on puisse leur attribuer des tiers de sou si évidemment imités de ceux

---

1. La Marche, dans la commune de Villegaudin (Saône-et-Loire), arr. Chalon, cant. Saint-Martin-en-Bresse.
2. Meuvy (Haute-Marne), arr. Chaumont, cant. Clefmont.
3. Rivarennes (Indre-et-Loire), arr. Chinon, cant. Azay-le-Rideau.
4. Rivarennes (Indre), arr. Le Blanc, cant. Saint-Gaultier.

d'Autun. Il est probable qu'il y avait dans l'Autunois ou en Bourgogne quelque *vicus* nommé *Rivarinna* aujourd'hui disparu. Cependant il n'est pas douteux que les tiers de sou autunois n'aient eu un cours assez étendu ; car celui que nous donnons sous le n° 1 a été trouvé à Bort dans la Corrèze.

Enfin, quant au n° 29, le seul exemplaire que nous connaissions est trop rogné pour qu'on puisse y lire le nom de lieu écrit au droit ; le seul nom du monnayeur *Neaumarus* gravé au revers est lisible.

CATALOGUE DES TIERS DE SOU D'OR D'AUTUN

1. ✚ FLAVATI : MONIT. Buste à double face ou grylle. ℞. AVGVSTEDVNO FIT DE SELEGVAS. Croix cantonnée dans chacun des angles supérieurs d'une étoile et dans les angles inférieurs des lettres numérales vii✚.

EXEMPLAIRES : collection d'Amécourt, trouvé à Bort, dans l'arrondissement d'Ussel (Corrèze), poids : 1 g. 20 (planche, n° 1); musée de Metz (planche, n° 1 bis).

BIBLIOGRAPHIE : Lelewel, *Numismatique du moyen âge*, p. 69 et pl. IV, n° 39; Cartier, *Catalogue des légendes* (1840), n°s 391 et 474, et *Table alphabétique* (1856), n°s 114 et 124 ; Conbrouse, *Monétaires mérovingiens*, pl. 9, n° 6; *Mémoires de la Société Éduenne*, année 1844, p. 74 et pl. VIII, n° 7; P. d'Amécourt, *Essai sur la numismatique mérovingienne*, p. 49, n° 124; Deloche, *Sixième lettre à M. Ph. Lalande*, dans *Bulletin de la Société scientif., histor. et archéol. de la Corrèze*, t. IV (1882), p. 664 (vignette); *Revue numismatique*, 3e série, t. I, p. 111 ; Deloche, *Monnaies mérovingiennes inédites*, dans *Revue numismatique*, 3e série, t. II, p. 73 (vignette).

2. ✚AGVSTEDVNO FIT. Buste diadémé de profil à droite. ℞. QVIRIACVS MONIT. Croix fichée sur un globe et accostée des lettres A G dans un cercle.

EXEMPLAIRES : collection d'Amécourt (planche, n° 2); musée d'Auxerre, collection Gariel, n° 22, poids : 1 gr. 22.

— 13 —

BIBLIOGRAPHIE : *Catalogue des monnaies de Bourgogne léguées par M. E. Gariel au musée de la ville d'Auxerre*, p. 4, n° 22.

3. +AVCVSTIDVNO FIT. Buste diadémé de profil à droite.
℞. IOORVS MONIMM FI. Croix sur deux degrés.

EXEMPLAIRES : cabinet de France, poids : 1 gr. 30 ; autre exemplaire au même cabinet, poids : 1 gr. 25 (planche, n° 3) ; musée d'Auxerre, collection Gariel, n° 28, poids : 1 gr. 28 ; collection d'Amécourt.[1]

BIBLIOGRAPHIE : Bouteroue, *Recherches curieuses*, p. 278 ; Conbrouse, *Monétaires mérovingiens*, pl. 9, n° 1 ; Cartier, *Catalogue des légendes* (1840), n° 491, et *Table alphabétique* (1856), n° 119 ; *Mémoires de la Société Éduenne*, année 1844, p. 70 et pl. VII, n° 7, pl. IX, n°ˢ 2 et 3 ; Thomas, *Histoire de l'antique cité d'Autun*, p. 29 (vignette) ; P. d'Amécourt, *Essai sur la numismatique mérovingienne*, pp. 49 et 188 ; *Catalogue des monnaies de Bourgogne léguées par M. E. Gariel etc.*, p. 4, n° 28.

4. +AVCSTIDVNO FIT. Buste diadémé de profil à droite.
℞. IIOOR...+MVNI... Croix sur deux degrés.

EXEMPLAIRE : musée d'Auxerre, collection Gariel, n° 29, poids : 1 gr. 24 (planche, n° 4).

BIBLIOGRAPHIE : *Catalogue des monnaies de Bourgogne léguées par M. E. Gariel au musée de la ville d'Auxerre*, p. 4, n° 29.

5. +AVCVω TINO FIT. Buste diadémé de profil à droite.
℞. IOORVSM MMINI. Croix sur deux degrés.

EXEMPLAIRE : collection d'Amécourt (planche, n° 5).

BIBLIOGRAPHIE : P. d'Amécourt, *Essai sur la numismatique mérovingienne*, p. 188.

6. AVCVSTIDVNO FI. Deux bustes diadémés, accolés, de profil à droite.
℞. IOORIIS MONII MMII. Croix chrismée haussée sur deux degrés accostée des lettres A G.

---

[1]. M. Feuardent possède une variété barbare du tiers de sou n° 3 ; les légendes sont les mêmes que sur l'exemplaire décrit ici ; le dessin de la tête diffère seul. Le tiers de sou de M. Feuardent est brisé en deux ; on a dû en réunir les deux morceaux à l'aide d'un cercle d'acier.

Exemplaires : cabinet de France, poids : 1 gr. 29 (planche, n° 6) ; médailler de la ville d'Autun ; musée d'Auxerre, collection Gariel, n° 21, poids : 1 gr. 28 ; musée de Lyon ; collection d'Amécourt, poids : 1 gr. 30.

Bibliographie : Cartier, *Catalogue des légendes* (1840), n° 492, et *Table alphabétique* (1856), n° 125 ; *Mémoires de la Société Éduenne*, année 1844, p. 73 et pl. VIII, n° 2 ; Longpérier, *Notice des monnaies françaises composant la collection de M. J. Rousseau*, p. 40, n° 111 ; *Catalogue des monnaies françaises composant le cabinet de M. Chartener de Metz*, rédigé par Hoffmann, Paris, 1859, in-8°, p. 3, n° 1 ; P. d'Amécourt, *Essai sur la numismatique mérovingienne*, pp. 49 et 188 ; *Catalogue des monnaies françaises qui se vendent chez Hoffmann*, Paris, 1874, in-8°, p. 5, n° 97 ; *Catalogue des monnaies royales et seigneuriales de France composant la collection de M. Jarry, d'Orléans*, Paris, 1878, in-8°, p. 4, n° 34 ; *Catalogue des monnaies de Bourgogne léguées par M. E. Gariel etc.*, p. 4, n° 21 ; Serrure, *Catalogue d'une collect. de monnaies, etc., dont la vente aura lieu à Liège le 14 oct. 1887*, n° 126.[1]

7. + AVOVSTE [DVNO]. Buste diadémé de profil à droite. ℞. M[A]CNOALDVS M. Croix chrismée haussée sur trois degrés et accostée des lettres A C.

Exemplaire : collection d'Amécourt, poids : 1 gr. 20 (pl., n° 7).

8. + AVCVSTEDVNO. Buste diadémé de profil à droite. ℞. +MΛCNOΛLDVS M. Croix chrismée haussée sur trois degrés et accostée des lettres A C.

Exemplaires : médailler de la ville d'Autun (planche, n° 8) ; musée d'Auxerre, collection Gariel, n° 24, poids : 1 gr. 20.

Bibliographie : *Mémoires de la Société Éduenne*, année 1844, p. 82 et pl. XI, n° 1 ; Thomas, *Histoire de l'antique cité d'Autun*, p. 29 (vignette) ; *Autun archéologique*, p. 26 (vignette) ; *Catalogue des monnaies de Bourgogne léguées par M. E. Gariel etc.*, p. 4, n° 24.

---

[1]. Il est intéressant de savoir que l'exemplaire signalé par M. Serrure a été trouvé à Domburg en Zélande.

9. AVCVSTEDVNO. Buste diadémé de profil à droite.
℞. +MACNOALDVS M. Croix chrismée accostée des lettres A C, dans un grénetis.

EXEMPLAIRES : collection d'Amécourt, poids : 1 gr. 28 (planche, n° 9) ; musée d'Auxerre, collection Gariel, n° 27 [1], poids : 1 gr. 19.

10. +AVCVSTEDVNO. Buste diadémé de profil à droite.
℞. + M[AC]NOALDVS M. Croix chrismée haussée sur un degré et accostée des lettres A C.

EXEMPLAIRE : médailler de la ville d'Autun (planche, n° 10).

11. AVGVSTEDVNO. Buste diadémé de profil à droite.
℞. MACNOALDVS MO. Croix chrismée accostée des lettres A C et haussée sur un degré dont elle est séparée par un globule.

EXEMPLAIRE : collection d'Amécourt, poids : 1 gr. 38 (planche, n° 12) ; musée d'Auxerre, collection Gariel, n° 23, poids : 1 gr. 23.

BIBLIOGRAPHIE : P. d'Amécourt, *Essai sur la numismatique mérovingienne*, p. 188, n° 117 ; *Catalogue des monnaies de Bourgogne léguées par M. E. Gariel etc.*, p. 4, n° 23.

12. ACVSTEDVNVM. Buste diadémé de profil à droite.
℞. MACNO+ALDVS. Croix chrismée accostée des lettres A C et haussée sur un degré dont elle est séparée par un globule.

EXEMPLAIRES : cabinet de France, poids : 1 gr. 24 (planche, n° 12) ; musée d'Auxerre, collection Gariel, n° 25, poids : 1 gr. 20.

BIBLIOGRAPHIE : Conbrouse, *Monétaires mérovingiens*, pl. 9, n° 4 ; Longpérier, *Notice des monnaies composant la collection de M. J. Rousseau*, p. 54 et pl. I, n° 133 [2] ; Cartier, *Table alphabétique* (1856), n° 367 ; P. d'Amécourt, *Essai sur la numismatique mérovingienne*, p. 49, n° 367 ; Van der Chijs, *De munten der frankische-en-Duitsch Nederlandsche Vorsten*, p. 20 et pl. II, n° 27 [3] ; *Catalogue des monnaies de Bourgohne léguées par M. E. Gariel etc.*, p. 4, n° 25.

---

1. La description de ce tiers de sou donnée dans le *Catalogue* est complètement erronée.
2. M. de Longpérier a lu *Castedunum* et a attribué cette monnaie à Châteaudun.
3. L'exemplaire publié par M. van der Chijs, trouvé à Eck-en-Wiel, en Gueldre, diffère, autant qu'on peut en juger par l'image, de celui du cabinet de France par l'absence du globule sous la croix. Il pesait 1 gr. 25.

13. — BAVDVLFVS M. Deux bustes diadémés, accolés, de profil à droite.

℞. AVGVSTEDVNV. Croix chrismée au-dessus d'un trait deux fois recourbé.

EXEMPLAIRES : collection du prince de Fürstenberg (planche. n° 13); musée d'Auxerre, collection Gariel, n° 16, poids : 1 gr. 29; collection d'Amécourt.

BIBLIOGRAPHIE : Chifflet, *Histoire de l'abbaye et de la ville de Tournus* (1664), p. 108, et *Preuves*, p. 518; Bouteroue, *Recherches curieuses*, p. 274 (vignette); Le Blanc, *Traité historique des monnaies de France*, p. 47 (vignette) et p. 49; Duby, *Récréations numismatiques*, p. 135 et pl. I, n° 2; Lelewel, *Numismatique du moyen âge*, première partie, p. 27 et p. 69, pl. III, n° 25; Cartier, *Catalogue des légendes* (1840), n° 127, et *Table alphabétique* (1856), n° 115; *Mémoires de la Société Éduenne*, année 1844, p. 72 et pl. VII, n°ˢ 10, 11 et 12; Thomas, *Histoire de l'antique cité d'Autun*, p. 352 (vignette); *Autun archéologique*, p. 13 (vignette); Fillon, *Lettres à M. Ch. Dugast-Matifeux*, p. 54 et pl. I, n° 23; P. d'Amécourt, *Essai sur la numismatique mérovingienne*, p. 48, n° 115; *Description des monnaies françaises et étrangères composant la collection de M. J. Gréau* (1867), p. 14 et pl. I, n° 168; *Catalogue des monnaies de Bourgogne léguées par M. E. Gariel etc.*, p 3, n° 16.

14. AVGVST+EDVNVM. Buste diadémé de profil à droite.
℞. AVSTRVLFVS MT. Croix chrismée accostée des lettres A G et haussée sur trois degrés.

EXEMPLAIRE : musée de Metz (planche, n° 14).

BIBLIOGRAPHIE : Lelewel, *Numismatique du moyen âge*, première partie, p. 69 et pl. IV, n° 38; Cartier, *Catalogue* (1840), n° 98 et *Table alphabétique* (1856), n° 113; *Mémoires de la Société Éduenne*, année 1844, p. 74 et pl. VIII, n° 6.

15. AVGVSTEDVNVM. Buste diadémé de profil à droite.
℞. + AVS[TRVLFVS]MT +. Croix chrismée accostée des lettres A G, et haussée sur trois degrés.

EXEMPLAIRES : musée de Lyon (deux exemplaires, planche, n°ˢ 15 et 15 bis). [1]

---

[1]. Le n° 15 bis est très mal conservé et en or bas.

16. +ACVSTE+DVNO +. Buste diadémé de profil à droite.
℞. +AVSTR+VLFVS+. Croix chrismée haussée sur deux degrés et accostée des lettres A G.

EXEMPLAIRE : collection d'Amécourt (planche, n° 16).

BIBLIOGRAPHIE : P. d'Amécourt, *Essai sur la numismatique mérovingienne*, p. 48.

17. + AVGVSTEDVNO. Buste diadémé de profil à droite.
℞. [A]VSTRVLEVS. Croix chrismée haussée sur un degré et accostée des lettres A G.

EXEMPLAIRES : cabinet de France, poids : 1 gr. 10, or bas (planche, n° 17); musée d'Auxerre, collection Gariel, n° 17, poids : 1 gr. 19, or bas.

BIBLIOGRAPHIE : Bouteroue, *Recherches curieuses*, p. 280; Cartier, *Catalogue* (1840), n° 98, et *Table alphabétique* (1856), n° 113; Conbrouse, *Monétaires mérovingiens*, pl. 9, n° 2; *Mémoires de la Société Éduenne*, année 1844, p. 74, pl. VIII, n°5; P. d'Amécourt, *Essai sur la numismatique mérovingienne*, p. 48, n° 113; *Catalogue des monnaies de Bourgogne léguées par M. E. Gariel etc.*, (planche, n° 17).

18. AVGVSTIDVNO FI. Deux bustes accolés de profil à droite.
℞. TEVDVLFO NONETΛ. Croix chrismée haussée sur deux degrés et accostée des lettres A C.

EXEMPLAIRE : cabinet de France, poids : 1 gr. 25 (planche, n° 18).

BIBLIOGRAPHIE : Cartier, *Catalogue* (1840), n° 809, et *Table alphabétique* (1856), n° 121; Longpérier, *Catalogue des monnaies composant la collection de M. J. Rousseau*, n° 110, p. 40; P. d'Amécourt, *Essai sur la numismatique mérovingienne*, p. 49, n° 121.

18 bis. Cette monnaie ne diffère de la précédente qu'en ce que l'o de *Teudulfo* est plus petit que les autres lettres et que le même o sur le n° 18.

EXEMPLAIRE : collection d'Amécourt (planche, n° 18 bis); musée d'Auxerre, collection Gariel, n°s 19 et 20 (le n° 19, dont le poids est de 1 gr. 15, présente une face absolument fruste; le n° 20, qui pèse 1 gr. 22, est rogné de façon à ne pas laisser voir l'Λ placé sous les degrés de la croix); musée de Lyon (l'Λ placé sous les degrés de la croix n'est pas visible).

BIBLIOGRAPHIE : *Catalogue des monnaies de Bourgogne léguées par M. E. Gariel etc.*, p. 4, n°° 19 et 20.

19.   AVGVSTIDVNO FIT. Deux bustes accolés de profil à droite. ℞. +TEVDVLFO M. Croix chrismée haussée sur un degré et accostée des lettres A C.

EXEMPLAIRES : musée Britannique (planche, n° 19) ; collection d'Amécourt.

BIBLIOGRAPHIE : P. d'Amécourt, *Essai sur la numismatique mérovingienne*, p. 49.

20.   AVGVSoTEDVNo F. Buste diadémé de profil à gauche. ℞. +TEVDVLFO M. Croix chrismée accostée des lettres A C et haussée sur un degré sous lequel un Λ. (Cet Λ placé sous le degré est la dégénérescence de l'Λ de *Moneta* qui déjà au revers du n° 18 bis n'est pas placé sur la ligne de la légende et dont le monnayeur du n° 20 n'a pas compris la signification.)

EXEMPLAIRES : cabinet de France, poids : 1 gr. 20 (planche, n° 20), médaillier de la ville d'Autun ; musée d'Auxerre, collect. Gariel, n° 26, poids : 1 gr. 20 ; collection d'Amécourt, poids : 1 gr. 25.

BIBLIOGRAPHIE : *Revue numismatique*, t. I, (1838), p. 327, pl. IX, n° 13 ; Cartier, *Catalogue* (1840), n° 810, et *Table alphabétique* (1856), n° 122 ; *Mémoires de la Société Éduenne*, année 1844, p. 76 et pl. IX, n° 3 ; *Autun archéologique*, p. 25 (vignette) ; P. d'Amécourt, *Essai sur la numismatique mérovingienne*, p. 49, n° 122 ; *Catalogue des monnaies de Bourgogne léguées par M. E. Gariel etc.*, p. 4, n° 26.

21.   AVOVVSTEDVNO FI. Buste diadémé de profil à droite. ℞. +TEVDVLFO M. Croix chrismée accostée des lettres A G et haussée sur un degré dont elle est séparée par un globule.

EXEMPLAIRE : collection d'Amécourt (planche, n° 21).

BIBLIOGRAPHIE : P. d'Amécourt, *Essai sur la numismatique mérovingienne*, p. 49.

La monnaie d'Autun au nom de *Teudulfo*, trouvée dans la Saône entre Saint-Remi et Chalon en 1882 et conservée dans le médaillier de la Société de Chalon, n'est, autant que permet de le juger la description donnée par M. Bataultdans les *Mémoires de la Société de Chalon*, t. VII, troisième partie, p. 184, qu'une variété du *triens* n° 21. Voici cette description : AVGVSTEDVNO. Profil à droite. Diadème, figure épaisse. ℞. TEVDVLFO M. Croix chrismée posée sur un point et deux degrés. A G sous les bras de la croix. Type de *Teudulfus*.

22. ......STEDVNVMI en légende renversée. Buste diadémé, barbare, de profil à droite.

℞.+AR......DVSMONE en légende rétrograde entre deux cercles. Croix sur un piédestal triangulaire et accostée des lettres O Λ.

EXEMPLAIRE : musée d'Auxerre, coll. Gariel, n° 18, poids : 1 gr. 21.

BIBLIOGRAPHIE : *Catalogue des monnaies de Bourgogne léguées par M. E. Gariel etc.*, p. 4, n° 18.

23. AGVSTEVNO en légende rétrograde. Buste barbare, de profil à gauche; le diadème détaché de la tête et placé dans le champ.

℞.+MARCVLFOM en légende rétrograde. Croix latine potencée dans une couronne.

EXEMPLAIRE : collection d'Amécourt.

BIBLIOGRAPHIE : P. d'Amécourt, *Essai sur la numismatique mérovingienne*, p. 49.

IMITATIONS DES TIERS DE SOU D'OR D'AUTUN

24. MARCA FI. Buste diadémé de profil à droite.

℞. AVSTR....MON. Croix accostée des lettres Λ O dans un cercle perlé fermé à sa partie inférieure par un anneau.

EXEMPLAIRE : musée de Copenhague (planche, n° 24).

BIBLIOGRAPHIE : *Catalogue de la collection de monnaies de feu Christian Jürgensen Thomsen*, deuxième partie, t. I, p. 99 et pl. II, n° 1148.

25. +MOSA VICO. Buste diadémé de profil à droite.
℞. MVCNO+ΛLDVS. Croix chrismée accostée des lettres A O et haussée sur un degré dont elle est séparée par un globule.

EXEMPLAIRE : musée de Copenhague (planche, n° 25).

BIBLIOGRAPHIE : Akerman, *Description of some merovingian and other gold coins discovered in the parish of Crondall in Hampshire, in the year 1828*, dans *Numismatic chronicle*,

t. VI, p. 178 et pl. VI. n° 16; *Ibid.*, deuxième série, t. X, p. 170 et pl. XII, n° 16; *Ibid.*, deuxième série, t. XII, p. 77; Longpérier. *Notice des monnaies françaises composant la collection de M. J. Rousseau*, p. 54; Thomsen, *Catalogue*, etc., deuxième partie, t. I, p. 98, n° 1150.

26. ORIVIO MO : Buste diadémé de profil à droite. ℟. RIVARINNA VIC· Croix chrismée accostée des lettres ⋀ G, haussée sur trois degrés; sous les degrés un point.

EXEMPLAIRE : musée de Besançon (planche, n° 26).

27. +ORIVIO MON. Buste diadémé de profil à droite. ℟. +RIVARINNA. Croix chrismée haussée sur trois degrés et accostée des lettres A C.

EXEMPLAIRE : cabinet de France, poids : 1 gr. 10 (planche, n° 27).

28. +ORIVIO MON. Buste diadémé de profil à droite. ℟. RIVARINNA FIT. Croix chrismée haussée sur trois degrés et accostée des lettres A C.

EXEMPLAIRE : ancienne collection Robert, poids : 1 gr. 26 (planche, n° 28).

BIBLIOGRAPHIE : *Revue numismatique*, t. XV, (1850), p. 24 et pl. I, n° 4; Cartier, *Table alphabétique* (1856), n° 915.

29. ....S..OS... Buste diadémé de profil à droite. ℟. NEAVMARVS. Croix chrismée accostée des lettres A C, et haussée sur un degré dont elle est séparée par un point.

EXEMPLAIRE : cabinet de France, poids : 1 gr. 30 (planche, n° 29).

www.ingramcontent.com/pod-product-compliance
Lightning Source LLC
Chambersburg PA
CBHW060640050426
42451CB00012B/2684